Nadie ante el espejo

GERMÁN GUERRA

Nadie ante el espejo

bokeh ✳

ISBN 978-94-91515-80-4

La ceniza y las horas

Adán bajo la Luna

Caminó hasta el lugar en que los hombres
fueron sólo la intuición de unas sombras,
un golpe de memorias después del horizonte.
Lo detuvo el abismo, el dolor de las horas,
el temblor de la sed, el peso de las ruinas,
el cuerpo de la noche y el llanto de unos niños.

Con las manos calladas, sin rostro, sin espejos,
cavó un pozo en la arena y recostó la espalda
en el tronco cansado del árbol de la vida.
Con los ojos vendados, al final del desierto,
donde la curvatura del planeta y el silencio
maceran corazones y parten las palabras.

Deambuló la tristeza del vuelo de los pájaros
que trazan en el viento las rutas del exilio.
Huérfano de albas y ponientes, con el pecho
tatuado de promesas, tejiendo la esperanza
en las altas paredes que regala el olvido,
eterna soledad de Adán bajo la Luna.

Poética

Vislumbro en el abismo
el peso de las sombras
que cargan las palabras,
el final que es la muerte
y el principio del tiempo,
los planetas en fuga
calcinando sus reinos
y este animal enfermo
de soberbia y cenizas
amparado en el pecho
de las constelaciones
que apagaron su luz
al principio del tiempo
y regalan las sombras
que cargan las palabras
al fondo del abismo
de otra página en blanco.

El cuerpo de las horas

El cuerpo de las horas y la noche
son escombros, latidos que desangran
el árbol de la estirpe. Todo es polvo
devorando los templos y las casas.

Las murallas las plazas las provincias
sostienen la memoria de los pueblos
lanzados entre el fuego y la miseria
del vasto desamparo de los hombres.

El golpe de la vida con su muerte
masacra las ciudades y estas almas
hundiendo en el presente sus silencios
ya martillan las puertas del olvido:
un barranco tatuado por el miedo
en la noche y el cuerpo de las horas.

Música de nadie

Al viento de León Felipe

*Para Hubert Goyanes, dueño de
«una música de nadie, música
presa de la luz».*

El primer saxofón lo inventó el hombre soplando en el repecho de un viejo y roto caracol, imitando las palabras del viento en la entrada de una cueva.

El primer instrumento de cuerdas lo escuchó el hombre en una música de nadie, en el silencio que arma la pradera, disparando sus flechas contra el corazón de los bisontes; y en la alta noche –en el círculo de miedos que interroga al fuego, en el círculo de almas que proyecta en las paredes de la cueva veinte mil años de la misma sombra–, el hombre tensa la cuerda de su arco poniendo soledades y música de cámara en las palabras de los ancianos de la tribu.

Y luego el silencio, el hondo silencio que nos aplasta el pecho después de un solo de saxo, o de un solo de chelo.

Heráclito a la orilla del Hudson

El cauce no es el mismo,
lo cambia cada nombre
que desciende a sus aguas.
En la orilla contraria
tigres de piel gastada
siempre recienpariendo,
llenos de mariposas
largo rato conversan
Whitman y Federico.

El hombre no es el mismo,
lo cambia cada golpe
de memoria y olvido
en la rosa hipercúbica
donde mueren las horas.

El mundo no es el mismo,
lo cambia cada herida,
esta luz, toda sombra.
Suicidas de domingo
caminan por Manhattan
el tedio de sus perros.
El tiempo no es el mismo,
lo cambia cada niño
cuando tira su piedra.

Julio Antonio Mella desnudo ante la cámara de Tina Modotti
(MÉXICO, 10 DE ENERO, 1929)

Un puñal de luz blanca
y un puñal de tinieblas
apuntalan el cuarto
y la cara del hombre
con terco gesto amargo
inaugura el silencio.

Los únicos testigos
son el sol de la tarde
una página a medias
un cajón de palabras
y el lento paso eterno
de volcanes dormidos
que apuntalan la espera
de dioses y horizonte.

Se desviste despacio
y la ofrenda del cuerpo
se empodera en la sangre
en la pelvis y el pecho
de una mujer del mundo
que prepara sus lentes
sabiendo que la historia
guardará este momento
entre los anaqueles
de toda eternidad.

El mentón la mirada
los músculos del torso
unas piernas perfectas
la cámara en el aire
la mano temblorosa
latiendo en lo invisible
con el índice abierto
sobre el obturador.

La Modotti desnuda
besa el pecho de Mella
se penetran se funden
bajo el manto del tiempo
y la imagen se pierde
en lento paso eterno
y terco gesto amargo
contra la eternidad.

Cavafis

(Alejandría, 29 de abril, 1933)

Ya no importan los muros
donde me han encerrado
en el fondo del mundo
para otra eternidad.
En las crudas paredes
que niegan el ocaso
he pintado con sangre
con miedos y cenizas
una vieja ventana
que devuelve los pasos
los golpes de la historia
y estos cuerpos podridos
que fueron mis amantes.

Acodo la ventana
y contemplo las ruinas
la ciega luz del faro
el incendio del puerto
la vasta biblioteca
mis páginas mis versos
impresos en el aire
sosteniendo los templos
columnas plazas calles
rincones y fantasmas
que son esta ciudad.

Esta vieja ciudad
que me ha visto nacer
vivir y encanecer
entre el grito del alba
y el réquiem de la tarde
mi muerte cotidiana
mi cárcel mis pasiones
un alto muro blanco
la frente contra el muro
martillando las horas
buscando una ventana
limando las palabras
y esperando a los bárbaros.

Lorca

(Camino de Viznar, 19 de agosto, 1936. 4:45 a.m.)

Entre una descarga de fusiles
y la sombra de este olivo
donde afinco la espalda
pienso en el par de atardeceres
donde nos desnudamos para siempre,
escucho la misa en Re de Beethoven
y no puedo detener el tiempo.

The Falling Man

(NEW YORK, 11 DE SEPTIEMBRE, 2001. 9:41 A.M.)

Ante una fotografía de Richard Drew

mis hijos mis padres mis hermanos
la mujer que me despide al alba
mis amigos mis deudas mis silencios
el azar del camino los gritos las heridas
las heridas que sanan al instante
y las que nunca cierran como salmos
como manos cansadas que se hunden
en el dolor que me revienta el pecho
el aire que me falta mientras caigo
como un caballo de cristal y acero
los que saltan conmigo al horizonte
esta bandada de pájaros escritos
en el viento y los últimos latidos
la palabra la memoria las cenizas
la certeza de llegar a tiempo
la resurrección los hombres rotos
los que sangran conmigo en el olvido
las patadas que regala la vida
la libertad de decidir mi muerte
la certeza de llegar a tiempo
el abrazo a mis padres a mis hijos

La mitad del mundo

Para Ena, que nos trajo la noticia

Sentado en una plaza
sobre la vasta piedra
que marca la mitad del mundo,
sentado sobre el mundo
—estas piedras gastadas
del camino hasta Dios—,
bajo la sombra enorme
la ceniza y las horas
de una catedral barroca,
un indio de silencios
augura una estación
de lluvia y nacimientos
y el paso de otro eclipse.

Hasta la mitad del mundo,
desde el polvo del tiempo
y el temblor del camino
llegaron todos los maestros.
Han llegado Daguerre
Niepce Talbot Nadar
Eastman Adams Weston
Man Ray Rodchenko Capa
Cartier-Bresson y Arbus
Koudelka y la Modotti
y Robert Mapplethorpe.

Todos, rogando frente al indio,
quieren detenerlo en un retrato.

El mundo una llanura
de maíz y silencio.
El indio se ha cubierto
el rostro y la memoria
con los hondos colores
que lloran en su pecho.
Dice que esa cámara oscura
cuando la echen a andar
           le robará el aliento.

¿Cara o cruz?

I. PREMONICIONES

La agonía el silencio el olvido
la soledad los claustros las heridas
la impotencia la sangre la esperanza
la palabra las cruces el camino
la memoria la rabia las derrotas
los espejos las manos los aullidos
los minutos las sílabas las noches
la libertad los hijos los umbrales
la mirada los sueños la ternura
las horas las ventanas el abismo.

ii. Posesiones

> Un laúd, un bastón, unas monedas
>> Eliseo Diego, *El oscuro esplendor*, 1966

> El bastón, las monedas, el llavero
>> Jorge Luis Borges, *Elogio de la sombra*, 1969

Un abrazo un reloj esta penumbra
            los pasos el camino
los ponientes el alba el nacimiento
            el corazón los sueños
la música del mar la sed los hijos
las máscaras la cruz el pan el vino
el silencio la muerte el universo
una imagen de luz una palabra
            la memoria el olvido.

Principio y fin

Escribir en silencio
esperar en silencio
olvidar en silencio
vivir caer moldear
gritar partir matar
volver preñar temer
creer buscar morir
temblar decir llorar
latir contar crecer
cocer herir perder
      colgar en las paredes
      hinchadas de silencio
      las frágiles palabras,
acodar la ventana
al canto de la lluvia
      —la música callada
      la soledad sonora—,
deambular la memoria
donde rompen las olas
—en las bocas del alba—,
      dudar a cada instante
      de la vida y el tiempo
      de la historia del hombre
      del principio y el fin
      de la ficción que es Dios
      y todo pensamiento,

palpitar en silencio
martillar en silencio
terminar en silencio.

El fondo del camino

El fondo del camino
está partido en dos.
Al ocaso del tiempo
avanzan los que saben
que morirán al alba
de un cáncer terminal,
con las venas cortadas
o la sangre podrida
de esperar en miseria.

Los otros trazan círculos
de latidos y espanto
y deambulan las calles
tatuando en sus espaldas
palabras que se borran
limadas por el viento,
deteniendo en el tiempo
estas sombras tan largas
que regala el ocaso.

El fondo del camino
está partido en dos,
partido en mil pedazos
que abordaron un tren
de diáspora y cansancio,
un candil de tinieblas
sobre las horas muertas,

sobre los sueños rotos
y unas pocas monedas.

Con un café caliente
y el eterno misterio
de una sola palabra
se rompe la mañana
del silencio al abrazo,
del aliento al adiós
de todos los sentidos.

El mismo sol sucumbe
masacrando en la tarde
los espejos las cruces
la esperanza la historia
los minutos las puertas
por donde nos iremos
al final del camino.

Poemas encontrados
al final de la noche

Gigantomaquia

Ciudades y desiertos
y todas las serpientes
pernoctan y desangran
como nubes cansadas
el cielo de su boca.
La fuga de una estrella
atraviesa su espalda.

Habíase acabado
de tragar el mundo.

Hexagrama sin nombre

Construir una casa   palmo a palmo
caminar en silencio   contra el mundo
alimentando el fuego del hogar con las cenizas
que pone entre mis manos el paso de las horas.
Escribir un poema   verso y sombra
conjurando palabras   contra la soledad.

Haiku de penumbra

La gran desolación
del girasol
en medio del eclipse.

Tanka con nubes

A Claudia Rosenow

Se arruma el tiempo,
se arruma el corazón
y la esperanza.

Se arruma el horizonte,
hay barcos que no zarpan.

Haiku para leer en el espejo

Se van a Roma
–la ruta natural–,
amor a naves.

César

> ...la certeza
> de que cada mañana
> cuando escribo mi nombre
> sobre un pergamino
> —o bajo la sombra
> y la sangre de una espada—
> puede ser la última vez.

Silencios y palabras

¡Qué terrible el silencio
de la uniforme multitud
congregada en la plaza!

¡Qué terrible, qué terrible
la vacuidad de las palabras,
el discurso que escuchan!

El inmortal

He sido condenado
a cadena perpetua
por alzar obeliscos,
por cometer masacres
y un crimen innombrable
de lesa humanidad.
He sido condenado
a la vieja miseria
de contar los minutos
y el paso de la noche.

La luz que trae el alba
y esta celda infinita
serán testigos mudos
de que soy inmortal.
Reescribirán la historia,
acuñarán monedas
a otros dioses del tiempo
y al fin me olvidarán.

Plegaria

Un verso al día
—que no es mucho pedir—
es lo único que pido

y un día más.

Epitafio para un poeta del exilio

No tuvo hijos ni lugar
donde reposar sus huesos.
Nunca acabó de escribir
su primer libro de poemas.

Padres e hijos

Un árbol, un hijo, un libro

¿cómo vas a dar vida a alguien
si aún no sabes qué harás con la tuya?

Lilliam Moro

He sembrado un árbol
en el centro del sol que calcina mi casa
y nos regala sombra y el canto de los pájaros
y la vieja madera que masacra a los hombres.
He engendrado un hijo
que ha venido a morir en estas calles
que olvidan las palabras y todos los sentidos
y la ración de horas que taladran el alma.
He escrito un libro
preñado de silencios y gestos y fantasmas
que deambulan a ciegas y se pudren de olvido
en la misa de gritos que ejecuta la tarde.

He sembrado un bosque para luego arrasarlo
y escribir a diario el cuerpo de mis hijos
tatuando la memoria escarbando una herida
conjurando el aullido del viento en el incendio.

La vida que nos pasa

Mi hijo ya despierta
al golpe de las horas,
dibuja obsesionado
el rostro de su madre
en todas las paredes
que sostienen la casa.

La madre posa y clama
alumbrada por dentro
y es música tranquila,
quehaceres y rincones
que sostienen la casa.

El padre de mi hijo
escribe sus memorias
y los mira en silencio
dibujar y entregarse
de la misma manera
que golpean las horas
la vida que nos pasa.

Entropía

En un patio interior, con ventanas
muy altas y música de cámara

un niño con Síndrome de Down
juega a la pelota con su padre
y el hombre encanece los minutos.

El niño nunca entenderá las entropías,
las turbinas y el arco de silencio
que tatúa el tiempo por su espalda

pero siempre sabrá del buenos días,
del calor de los abrazos, del adiós.

Pasión de ánimo

de María García Granados

Aquí estoy y estamos todos
armando un círculo de llanto
que me hace levitar sobre la cama.
Cae la noche última y me asalta
una epidemia de Pasión de ánimo,
muero muy despacio de migraña
y desgano, de insomnio y fiebre.
No hay nombre más hermoso
en todos los ramajes de la lengua
que pueda resumir en dos palabras
esta enfermedad que me termina.

No hay hombre más hermoso
en todos los ramajes de la lengua.
Morir la vida por un par de palabras
que temblando, al oído, me dijera Martí.

Vinci, verano de 1463

Perdido donde el patio
los perros y la luz de la casa
se convierten en bosque
           –ese bosque de ruinas
que fueron las columnas de Etruria–,
marcando en el silencio del abismo
la parábola de toda tu impotencia
–entre las hondas puertas
de la muerte la música y el viento–
dibujas con carbón sobre las piedras
el sueño de volar como los pájaros,
unas alas mecánicas y todas las preguntas
y el círculo de gritos de los hombres
mordidos por las horas y el paso de los astros.

Al fin llega tu padre sin aliento,
ahogado de terror al barranco
y te llama desde una luz de siglos
que niegan la penumbra
y el ánima del bosque:
           –¡Leonardo! ¡Ya oscurece…
           …es hora de volver a casa!

Monólogo del aviador

A Reinaldo García Ramos

—Mi caballerito, ¡ahora no se trata de zorras!
—¿Por qué?
—Porque me voy a morir de sed...

Antoine de Saint-Exupéry

porque no es solo ausencia
      de agua y horizonte
      lo que abrasa mi garganta
porque esta ciudad es un desierto
      un laberinto de cuartos sin ventanas
      sin paredes que acorden el silencio
porque me falta luz y pan sobre la mesa
      y se han roto las ánforas
      los puentes y los sueños
porque perdimos el corazón y los abrazos
      y las palabras que nombran la impotencia
porque no tengo manos ni valor
      para tirar la primera piedra
porque la sangre corre enferma
      por el cáncer de un río circular
      que arrasa memorias y relojes
porque el viento también se ha detenido
      como un templo sin Dios y sin altares
      donde clavar ofrendas y promesas
porque todos desertaron los retratos de familia

las viejas fotos que alimentan el fuego
y nos guardan de este invierno tan largo
porque me falta el grito y la parábola
porque me sobran los abismos y me nublo.

Meñique

(CANCIÓN DE CUNA)

> Sobre la alta cumbrera volaba
> su osamenta desnuda de ardor
>
> Heberto Padilla

Meñique se fue a paseo
sin permiso de Anular
y donde encontró gigantes
confundiolos con molinos.

Meñique se fue a paseo,
Meñique se fue, se fue,
se fue poniendo viejo,
se fue quedando calvo,
se fue quedando ciego.

Meñique nunca pudo
saltar una ventana.

Meñique nunca pudo
alcanzar una rama.

Meñique nunca pudo
caminar por sus sueños.

Se le fueron llenando
las orejas de raíces
y su cuerpo está flotando,
flotando en el arrecife.

Meñique se fue, se fue
y se fue poniendo viejo,
se fue quedando calvo,
se fue quedando ciego,
se fue quedando muerto.

Trabajos del hombre

El poeta

El poeta que cantó desde el silencio
moldeando en los escombros las palabras
que detienen el golpe de las horas
y procuran el pan y los abrazos.
El hombre que cayó junto al silencio
cuando fue traducido al esperanto
y acusado de apátrida y traidor,
de maricón y abusador de niños.
Con las manos cortadas y sin pechos
Dante Lorca Maiakovsky Pound Padilla
laureados por decreto con destierros,
con celdas de castigo y con suicidios.

La puta de Cuaresma

Los que ordenan quemar las bibliotecas,
los que levantan *altos manicomios*
para mañana reescribir la historia.
El héroe que agoniza en los asilos
de una patria que no le pertenece.
El tendedor de puentes, el soldado
que regresa sin piernas de la guerra.
La puta de Cuaresma y madrugadas
que en el último bar de mala muerte
le regala su cuerpo al asesino,
psicópata que en cada luna llena
mata una hembra y escribe una elegía.

El oscuro cartero

Para Antonio José Ponte, por «Idea para un tapiz naïf»

El oscuro cartero con su fardo
de postales que no fueron escritas
y a falta de noticias de la guerra
de los sueños la sangre las fronteras
—a falta de horizonte en la ventana
que soporta los muros de la noche—,
camina por los pueblos y los puentes
que ya fueron borrados de los mapas
predicando verdades y esperanzas
que fabula en la luz de la nostalgia
y cambiando el aliento y las derrotas
por pedazos de pan y por palabras.

Los que limpian la sangre

Sacerdotes de los fieles difuntos,
hacedores de panes y de peces
en la casa que ampara entre las ruinas.
Carpinteros que clavan sus cadalsos
cegados por la luz de una utopía.
Hacedores de llaves y promesas
que condenan a muerte al asesino.
El verdugo que regresa a su casa
con una furnia de hombres en el pecho
y acaricia a sus hijos que ya duermen.
Los que limpian la sangre del suicida
y arman jaulas de pájaros en vuelo.

El viejo payaso

Eliseo Diego, in memoriam.

El viejo payaso que habla con su hijo
martillando en el viento las palabras
y aconseja en silencio las maneras
de inclinarse ante un público sin rostro
que alienta y petrifica las tinieblas,
y acabada la luz del espectáculo
—con el circo preñado de fantasmas
como pájaros muertos en el polvo—
guarda su corazón en el armario,
se limpia el maquillaje ante el espejo
y esconde las heridas y una lágrima
que la vida ha tatuado en su mejilla.

Ucronía de las islas

Las voces que habitan el espejo

¿Cuántas sillas vacías? ¿Cuántas mesas
sin pan sin sueños sin vino y sin abrazos?
¿Cuántas cruces de silencio y de llanto
soportan las paredes, el tedio y las miradas
bajo el polvo que detiene a estos pueblos?
¿Dónde acaban esos largos caminos
que estaban prometidos en mi puerta?
¿Por qué alienta en la puerta de esta casa
una terca bandada de espantajos sedientos
condenados a la rabia y la impotencia?
¿Cuántas patrias habito en la memoria?
¿Cuánto pesan mi falta de esperanza
y las culpas tatuadas en tu espalda?
¿Dónde han muerto mis padres y mis hijos?
¿Cuántos hombres ahogaron sus silencios
entre la espera y la ucronía de las islas?
¿A dónde ir ahora que nos hicimos mar
imitando los juegos perdidos en la infancia
cuando la espada de las horas nos golpeaba
sin que supiéramos que era el filo de la vida?
¿Qué hacer ahora con tanto pecho roto?
¿Cuántos días y noches, cuánto eclipse total,
cuánta ceniza? ¿Cuántos golpes nos faltan?

Los nombres de la sombra

Encontrar la verdad en medio del camino de la vida y no tener un rincón donde guardarla. Encontrar la luz para que muera entre mis manos, entre los nombres de la sombra. Encontrar la palabra perfecta, la palabra que resuma —como un gesto— la historia de los hombres y perderla entre la bruma de todos los discursos y tanta desmemoria. Encontrar, en el fondo de la máquina del tiempo, el momento en que abracé a mi padre por última vez sin saber que sería una despedida larga —que me falta recorrer el resto del camino para llegar al otro abrazo. Encontrar, siempre, un abrazo en ese laberinto de mujer que es mi mujer y en la mirada de mi hijo. Llorar bajo la lluvia y gritar en el desierto de la noche para que nadie entienda, para que nadie escuche mis palabras. Cantar como un rapsoda condenado a la horca, abandonar mi sombra y el aliento entre unos pasos muertos, entre estas paredes de cansancio y silencio.

Los ojos del último paseante

> como animales ciegos
> urgidos por el hambre del origen
> ... cuando el alba
> es una mancha pálida
> en los ojos del último paseante
>
> Emilio de Armas

Arriba —en el centro del día
un círculo de luz y de silencio
el árbol de la vida y la sentencia
el final de los sueños y los dioses
esta muerte y el abrazo del sol.

A la altura del pecho y de los ojos
que alucinan la miseria de un puerto
un círculo de azul sobre el azul
la distancia donde el mar termina
levantando fronteras y horizonte.

Abajo —a unos metros del hombre
un círculo de insomnios y masacres
animales de hambre del origen
esperando los signos de la sangre.
En las manos calladas por las islas
un círculo de horas que se alejan.

Arriba —confundidas con gaviotas

un círculo de gritos y aves de rapiña.
Abajo —en su balsa de piedras
sin proa y sin rosa de los vientos
el hombre se abisma en la memoria
termina una canción al último latido
y le quiebra la voluntad y la garganta
abrasada por la sed del pecho abierto
por un círculo de sangre y de silencio.

Díptico de Ítaca

I. PENÉLOPE

Se cansó de tejer
de mentir de esperar.
Ya no puede masturbarse
ante una imagen que se pierde
en el espejo de cobre y el olvido.

Desnuda y con las canas teñidas,
con una lágrima sajando maquillaje
      y las naves que se hunden
        sin puerto y sin memorias,
entró en el enorme salón para ofrecerse
al eterno banquete de los pretendientes.

II. Nadie ante el espejo

Un hombre en solitar
con sobretodo negro
—de espaldas al lector
que late en estos versos,
de espaldas a las ruinas
del golpe de la vida,
de espaldas a sí mismo
y al lente de la cámara—,
parado ante la bruma
que devuelve el espejo,
no sabe que ha llegado
de su viaje en el tiempo
y alienta entre sus manos
la memoria los gritos
la tenue luz del alba
y la ventana abierta
que masacra su pecho.

Un hombre en solitar
sin rosa de los vientos,
parado ante la bruma
que levita y desangra
en la boca de un puerto
de cristal y silencios,
no sabe a donde va
ni de donde regresa

y abisma el corazón
y todas las palabras
donde acaba la tarde
de Adán bajo la Luna
—en un blanco del lienzo
que imita al horizonte—
y en un banco del parque
enciende otro cigarro
que suicida y consagra
y se marcha del cuadro.

El abrazo de piedra

I. EL ABRAZO

El escultor no se llama Rodin,
lleva el nombre del tiempo
y un manto de cocuyos y noches
        cubriéndole en la espalda.
El tiempo que marcó los caminos
        con una vena larga
para que una mujer y un hombre
        parados frente a frente
se desnudaran, gritaran en silencio
        y cayeran al barranco
porque habían terminado las manzanas,
los panes y los peces, las libertades
        y las herraduras.
Para que un hombre y una mujer
abrazaran el temblor de las horas,
la sangre de otro parto y el olor
        palpable de la muerte,
mientras Rodin, disfrazado de tiempo,
        incrédulo y borracho
con martillo y cincel entre las manos,
desdibuja los hombros el pecho la memoria
        y el abrazo de Camille.

II. El muro

El ahorcado del café Bonaparte
        se arregla la corbata
y una cuerda de humo y de palabras
        le sirve de patíbulo.
La escultura se convierte en estatua.
La sangre es un hilo de insomnios
        que corta las gargantas,
el abrazo se detiene en el tiempo
—una pareja de señores muy viejos
        tomados de la mano,
        doblados por el peso
        de todas las promesas,
        caminan muy despacio
        por una estrecha calle
de Montparnasse y Lavapiés—,
se deshacen los pasos y los puentes
se deshacen los retratos en sepia
y los largos caminos que trazaron
        al borde de los mapas.
Los relojes de arena se parten al ocaso,
        se rehacen al alba
y levantan un muro donde teje el silencio
        sus banderas de sombra.

III. La caída

El escultor no se llama Rodin,
          no se llama Praxíteles
          ni Alexandros de Milos,
no es griego no es romano no es judío
y guarda en un cajón del pecho
caballos galopando el incendio
          manadas de centauros
          ciudades que ya duermen
          y arena de las islas.
Cincela su pedazo de pan y firmamento
y no encuentra la luz y las palabras
          que acaben el silencio.
          Se martilla las manos
y hay sangre en todas las caricias
que recorren los senos y la espalda,
          el vientre y la mirada,
sabiendo que su Venus
          es arena del tiempo
y gastará sus manos en un muro de siglos
y perderá los brazos
          y los sueños.

Díptico del equilibrista

Mantengo el equilibrio
de una vieja costumbre
sin puntos cardinales
caminando descalzo,
con los ojos vendados,
por las brasas ardientes
y las espaldas rotas
de los fieles difuntos
que alientan en la herida.

Atravieso el espejo,
lloro mi desventura
como un viejo arlequín
que ha perdido su rostro
en el duro barranco
que guarda la memoria.
Soy salmo sin antífona,
una sombra sin lunas,
sin gritos y sin ecos.

Regreso del espejo
por la puerta de fondo,
como siempre regresan
estos fieles difuntos.
Regreso como el loco
que se gasta al olvido

en un diálogo inútil
con el viento y las piedras
y las horas que pasan.

Mantengo el equilibrio
a la luz mortecina
de una vela que acaba
y al temblor insondable
de las constelaciones
que caminan mis versos
descalzas y vendadas,
por las brasas ardientes
de todas las palabras.

II. Epitafio

Balanceando su existencia
sobre el abismo del tiempo
alcanzó todo en la vida.
Su valor le hizo ganar
un rincón en la memoria
y en el pecho de los hombres.
Solo perdió el equilibrio.

El (próximo) poema

Esta noche, cuando todos duerman, voy a escribir el
poema. Palabras que borren el camino y los signos que par-
celan las horas, versos que definan –como el rostro de un
hombre en el espejo– lo que ya está cantado en el «Poema de
los dones». Estrofas que sean paraíso perdido y recobrado.
Páginas que sean pentagramas, que resuman tranquilas –
como un campo sembrado de minas y de trigo– la música
del *Concierto de Aranjuez*.

Esta noche, antes de manchar el silencio de la página en
blanco, contaré los minutos que faltan, las memorias que
sobran, las horas perdidas al fondo del olvido y la profunda
soledad de un apretado manojo de poetas, *por Whitman y
Francisco de Asís, que ya escribieron el poema*, por Demócrito
de Abdera y su penumbra, y la penumbra de Milton y Borges
y Rodrigo.

Esta noche, cuando todos duerman, regresaré a la lenta
muerte de las camas claras –esa muerte que nombran agonía.
Regresaré tranquilo al pozo del insomnio y me sacaré los ojos
con una brasa ardiendo.

Testamento

Hoy escribo en silencio
al centro de una esfera
estas viejas palabras
marcadas por las horas
mientras canto mi nombre
y el nombre de la muerte
y escribo un testamento
que deja en heredad
las pocas posesiones
que nunca fueron mías
los hijos que no tuve
los golpes los espejos
los sueños la memoria
la vieja piel gastada
de un siglo sin aliento
y el último domingo
de esta larga Cuaresma
el viento de la tarde
la casa los abrazos
las puertas condenadas
la sangre del olvido
el vuelo de los pájaros
concierto de fantasmas
que devoran las islas
las ruinas de este circo
la imagen detenida
de una vieja película

que siempre repetimos
un grito en el ocaso
el peso de una sombra
la sombra de los muros
la diáspora el cansancio
el insomnio las velas
las noches sucesivas
la sed el hambre el frío
el golpe del martillo
en la vieja campana
la música el silencio
los saxofones ciegos
la espada en la garganta
el sepia de las fotos
que nunca nos hicimos
la impotencia del miedo
las prisiones la espera
el hacha del verdugo
y estas sombras tan largas
donde firmo en silencio
las últimas palabras
de un viejo testamento.

www.ingramcontent.com/pod-product-compliance
Lightning Source LLC
Chambersburg PA
CBHW021511090426
42739CB00007B/565